Die ersten Christen hatten ein schweres Leben.
Weil sie an den Herrn Jesus glaubten, wurden sie verfolgt und ins Gefängnis geworfen. Diese Männer sind unterwegs, um Christen zu verhaften. Ihr Anführer ist der Zeltmacher Saulus.

Siehst du Saulus?
Findest du die Christen, die sich vor ihm verstecken?

In diesem Buch sind acht Briefe versteckt. Findest du sie?

Saulus hat gerade die große Hauptstadt Jerusalem verlassen.

Findest du seine Begleiter?
Wohin will er reiten?

Er hat einen bösen Plan:
Alle Christen, die er in Damaskus findet, will er festnehmen und nach Jerusalem bringen.

Auf der Rolle findest du eine Karte.
Sie zeigt dir, wo diese Städte liegen.

Saulus ist auf dem Weg. Da passiert es...
Aus dem Himmel kommt plötzlich ein helles Licht.
Saulus ist geblendet. Er stürzt von seinem Pferd.
Saulus liegt ohnmächtig am Boden.

Wo ist Saulus?

Da hört er eine Stimme, die zu ihm sagt: „Warum verfolgst du mich?“ Saulus fragt: „Wer bist du, Herr?“ Die Stimme sagt: „Ich bin Jesus, den du verfolgst. Geh nach Damaskus. Dort wird jemand zu dir kommen und dir sagen, was du tun sollst.“

Das Pferd ist fortgelaufen.
Wo ist es?

Saulus öffnet die Augen.
Aber er kann nichts mehr sehen. Er ist blind.
Die anderen Männer bringen den blinden Saulus
nach Damaskus.

Welcher Weg führt in die Stadt?

Saulus ruht sich aus.
Aber er will nichts essen und trinken.

Im Kästchen siehst du, wo Saulus liegt.

Drei Tage lang liegt Saulus im Bett.
Dann kommt ein Mann zu ihm, der ihm helfen will.
Es ist der Christ Hananias.

Wo ist Hananias?

Hananias sagt zu Saulus:
„Bruder Saulus, der Herr Jesus schickt mich zu dir.
Du sollst wieder sehen!“

Was macht Hananias, um Saulus zu helfen?

Hananias legt Saulus die Hände auf und betet.
Saulus kann wieder sehen.
Er steht auf und läßt sich taufen.

Von nun an glaubt er an den Herrn Jesus Christus.
Er ist wie neu geboren.
Deshalb bekommt er auch einen neuen Namen.
Wie heißt er von jetzt an?

Seine alten Freunde ärgern sich über Paulus.
Sie wollen ihn töten.
Jetzt wird Paulus verfolgt wie alle Christen.
Man bewacht sogar die Stadttore, um ihn zu fangen.

Wo lauern die Männer?

Aber Paulus erfährt von dem bösen Plan.
Seine neuen Freunde helfen ihm, aus der Stadt zu entkommen.

Wie hat Paulus es geschafft,
über die hohe Stadtmauer ins Freie zu kommen?

Paulus ist ein mutiger und bekannter Missionar geworden.
Er hat weite Reisen gemacht.
Viele Menschen sind durch ihn zum Glauben gekommen.

Wenn er seine Freunde nicht selbst besuchen konnte,
hat er ihnen Briefe geschrieben.
Wohin soll dieser Brief gehen?

Ein Rubbelbuch

In dieser Serie sind folgende Rubbelbücher erschienen:

Wie aus Saulus Paulus wurde
Geburt in Bethlehem
Das Grab ist leer
Ein Bauer sät den Samen
David kämpft mit dem Riesen
Ein Junge wird verkauft
Wie die Welt entstand
Jona flieht vor Gott

ISBN 3-417-23731-9 (R. Brockhaus Verlag)